U0030757

不要忘記老婆鞋子穿幾號!!

IG 超人氣 療癒且撩慾系插畫家 **鞋子穿幾號**──圖文

目錄

夫妻篇

親子篇

夫妻 篇

幸福轉變

新婚期~

生小孩後~

這是一件時常發生的,夫妻因為小孩或是家庭等因素,
導致愛愛次數減少,所以適時的溝通、增加情趣就很重要囉!!
老公:我不想再鍛鍊左手了,老婆…
老婆:那就好好分擔家裡的工作!!

一句話的力量

大姨媽來了對女人來說是感覺很難受的!!
老公要真心體諒...
老公:都讓我來!!

窩在家看電影

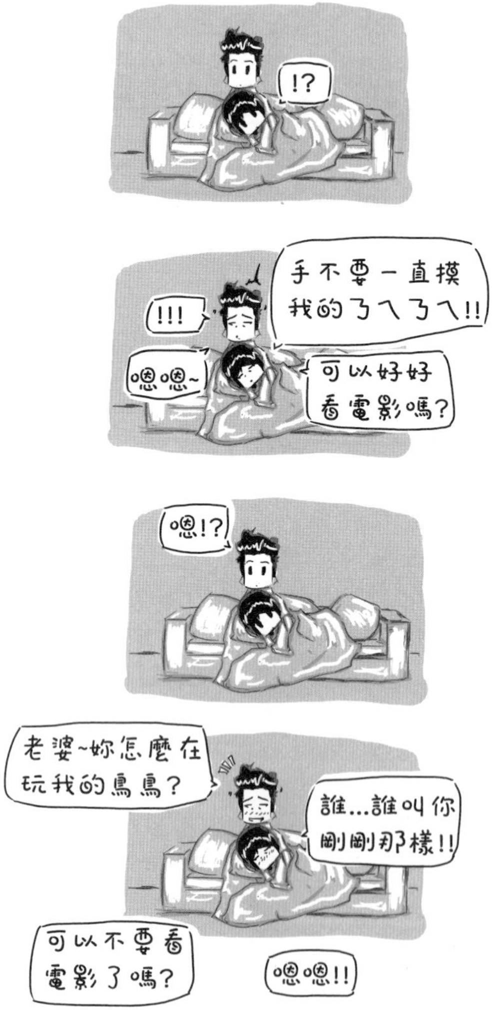

夫妻表示:這部電影太難看了咩!!

隨時隨地出現的情趣~
對夫妻感情大進擊喔!!

親親抱抱聞聞

然後...

所以親親抱抱跟聞聞~
很重要!!

老公:這就是鯨吞蠶食的概念!!
老婆:親著親著...感覺就來了!!老公很賊~

對彼此好一點

慵懶睡覺

06:30 am

啊~~~~~~
好想好好睡一個懶覺喔!!

老婆我來了~
請好好睡它~

!!!

越睡越舒服喔!!

立馬到達!!

滾~~~

在我動手之前~

是妳自己說要睡它
我才來的餒!!

老公表示:我聽錯了嗎?

有愛的地方

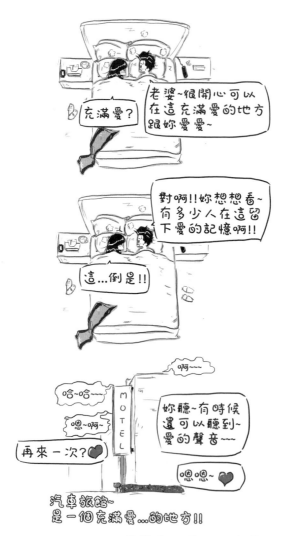

戰鬥模式的責任

老婆表示：
開啟老婆戰鬥模式就要負責任!!

抱著睡

互相擁抱入睡~讓彼此更安心!!

脫光的男人

妳為什麼讓一個脫光的男人抱著!!妳說啊!!

老婆~妳………

你白癡喔!!不然你幫他洗澡啊!!

叫他自己的老婆幫他洗!!不要叫我的老婆!!

擁抱的力量

老婆問～老公問

多生幾個

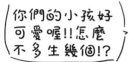

你們的小孩好可愛喔!!怎麼不多生幾個!?

不了~生小孩很痛!!

女人說痛還好... 你男人說什麼痛啊?

好痛啊~~~老公~~~

太太~妳再不放手~ 妳先生在妳生之前 會先往生~

痛~~~~

生小孩真的很痛!! 多多感謝你的老婆吧!!

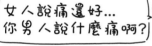

有這句就夠了

其實有這句就夠了!!

一句有我在~是包含著歸屬,心疼及責任感!!

老婆:當我聽到這句~整個心彷彿有了依靠~
我的老公會幫我承擔!!

受委屈

老婆受委屈傷心的時候~
需要老公的耐心聆聽~

老公~
那個^&%$#~

嗯~沒事~

抱抱安慰~

老公~

老公在!!

也可能需要...

老公~

老婆~

老公受委屈只需要老婆...

老公~
好一點了嗎?

好多了~
啊~嘶~~

雖然方式不一樣~
可是都是需要伴侶的支持!!

上廁所的那些事

十指緊扣

老婆最喜歡的十指緊扣!!

緊握!!

就是讓最愛的老公牽著~簡單幸福!!

還想去哪走走?

都好~
老公決定!!

老公最喜歡的十指緊扣!!

緊握~~~

哎~~~也是簡單幸福!!

老公~~~
溫柔一點啦~

老婆~~~

都要緊緊握著!!

睡覺

一般時候

冷戰的時候

哼~

··········

吵輸老婆的時候

可以讓我進去嗎？

老婆~

別讓老婆不開心!!

潤滑

家

家其實不是一個具體,它是一個心靈上的歸屬!!
每個人心裡都有家的樣子,如何去維持就看自己怎麼去聯繫家的成員!!
老公:我的心裡只有老婆、小孩!!
老婆:好險你先說我,不是先說小孩...

習慣的睡法

老公老婆表示：
這樣睡很習慣～很舒服……

說秘密的時候

看球賽的時候~

嗯嗯~

老公~我跟你說
一個秘密~

^&%%E&$~

你不可以跟
別人說喔!!

妳剛剛說什麼?

根本沒在聽!!

男人在看球賽時~
非常適合說秘密這件事!!

影劇類型討論

老公看女優跟老婆看歐巴道理一樣!!
心裡愛的都是陪伴自己的另一伴!!

天真爛漫

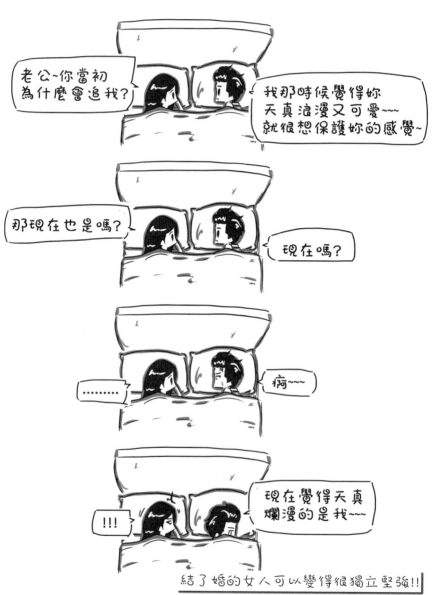

體能維持

新婚期!!

好啊!!

走~我們去睡覺囉!!

幸福一陣子之後~

老婆~

怎麼了!?

妳可以~
下來自己走嗎?

怎樣!?

顫抖的雙腳

老婆:絕對是老公體力沒有
維持好!!
不是我變重了!!!
總結:就算是變重了~~~
老公還是要把得動!!

賽後檢討

這是很多夫妻容易遺忘的事,其實隨著心智越來越成熟
夫妻應該更可以敞開心胸去正視自己跟對方的需求
然後在溝通之後,讓彼此更加滿足!!

遙遠的距離

有一種遙遠的距離~
就是套套買回來了~妳卻睡著了!!

鴛鴦浴

彼此的貼心

這是老婆的貼心~

橘子幫你剝好了~
你趕快吃~

老婆~~~

感動~

這是老公的貼心~

衣服已經幫妳剝光了~
妳可以盡情享用!!

你快把衣服穿回去~
我眼睛不太舒服!!

無言~

光溜溜~

老公:我也是很貼心啊!!
老婆:其實可以不用這麼貼心~

交流方式

擁抱~是夫妻間最基本的情感交流方式!!

可以不透過言語傳遞著對彼此的心意~

接收到對方的心意之後~
不小心身體就會起了所謂的...反應!!

就是...情不自禁啦!!

行動表示

也許內心非常感謝對方的付出!!
但也應該用行動表示出來,讓另一伴感到欣慰!!
只不過...方法要慎選!!

滿足

啪啪啪之後

啪啪啪~

之後~

新婚期~

新婚過期~

生小孩後~

愛愛完的談心可以讓彼此談得更深入喔!!
而且給彼此感覺更美好!!
千萬不要倒頭就睡...
　　　　　　　P.S男女都一樣!!

睡衣

老婆穿性感睡衣~

但通常只能穿一下下!!

夢境處理的差異

黑眼圈

新婚夫妻的黑眼圈~

新生兒夫妻的黑眼圈~

每對夫妻每個時期黑眼圈狀況不一樣!!
最重要的是能夠一起渡過!!

手遊、追劇

對手遊中的老公求愛~

對追劇中的老婆求愛~

都在爭取自由的時間,記得適度就好!!
老公:我這場打完!!
老婆:我這集看完!!

裸睡

裸睡~

少了衣物的束縛讓身體能更放鬆!!

還能放鬆身心靈,舒緩緊張情緒~

然後就是...很方便!!

增長知識

看書長知識~

看片~

也長姿勢!!

老婆我們用今天
看到的姿勢看看~

很色餒你~
好啦~ 🖤

增加知識跟增加姿勢一樣!!
都可以提升新鮮感,增加情趣!!

無理的要求

老婆表示:
因為我是你最寶貝的老婆啊!!

最愛的老婆是值得自己無條件付出的!!
老婆:我就是想撒嬌~

抱抱而已

嗯~

幹嘛啦?
老公...

抱抱而已~

嗯...

嗯?

老婆...
妳好香喔~

老公~
幹嘛啦~

妳太香了~
受不了了!!

老婆表示:
說好的抱抱而已呢?

老公:老婆身上的香味就是無法抗拒!!
老婆:我應該開心嗎?
老公:應該!!

關於出差這件事

等待老公返家的老婆

出差多日返家的老公

歡迎回家!!

老婆~
我回來了!!

我也是~

呵~

好想妳喔~

哈~

老婆想著~
"終於有人幫我
忙顧小孩了!!"

老公想著~
"小別勝新婚"
的激戰!!

我也超想的!!

超想的!!

雖然彼此想的東西不一樣,但互相多為對方想!!
感覺會更好喔!!

不要忘記老婆鞋子穿幾號

習慣問題

每對夫妻都有自己習慣的抱抱!!
老婆:雖然感覺老公很色,但...就是習慣他色色的了!!
老公:我就是色!!只對老婆色...

角色扮演

把拔的角色扮演遊戲!!

我是底迪超人!!

解結超人~

嗯!!

我是把拔超人~

我一定要這個姿勢嗎?

老公的角色扮演遊戲!!

我的皇后~
我的新衣好看嗎?

我的國王陛下~
好好看的衣服唷~

好帥~

誠實的人才看得見喔!!

我來寵幸妳了~皇后!! ♥

家庭中每個成員都應該扮演好自己的角色~
讓家成為家人跟自己最安全的避風港!!

老公表示:情趣扮演的角色也很重要...嘿嘿嘿~

握的位置

老公:說的是實話!!
老婆:我是真心心疼你,好嗎?
夫妻彼此都有失落的時候,真的需要對方的關心!!

2/15 的早晨

2月15日 07:30am
美好的一天開始!!

老公~上班
注意安全喔!!

精神洋溢!!

滿足!!

好心情!!

拼過命的感覺!!

嗯~要...想我喔!!

黑眼圈!!

腰酸背痛!!

四肢無力!!

精神萎靡!!

就算是老夫老妻~特別的節日!!
該特別的時候還是要努力一下!!
老公:展現男性本色!!

老公 篇

達陣

我哄就好

老婆...還是等到睡著!!

霸佔床

老婆霸佔床!!

老公霸佔床!!

老公表示:我要怎麼睡比較安穩!?

專業老公

人家想要

變得……

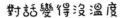

對話變得沒溫度

不知道!!
不要問我!!

老婆…
我等下可以…

飯菜變得難吃

老婆這菜怎麼…

……

怎樣!?

睡眠品質變得很差~

睡過去一點!!

已經最邊邊了~

自己想辦法!!

可以給我一點棉被蓋嗎?

所以…
別讓老婆不開心!!

讓老婆開心,生活開心,家庭和樂!!
老公心之俳句~

老婆晚安

值得

看到孩子安穩的睡覺時

看到老婆穿性感睡衣時

每天辛苦工作是為了家庭
當看到家人一切安好
就是最大的安慰了!!

想要的跟給的

老公想要的~

老婆給的~

枕頭的選擇

舒服的枕頭!!

更舒服的枕頭!!

幫妳洗澡 1

20:35 pm

20:36 pm

20:41 pm

20:46 pm

老婆:你真的是要幫我洗澡而已嗎?
老公:就看可不可以洗出一點火花啊!!
經常一起洗澡可以增加情趣與親密感喔!!

幫妳洗澡II

抓抓

底迪是一個要睡覺的時候...
就全身癢的孩子!!

把拔在家中是最容易背黑鍋的人!!
老公:又是我的問題!?

獨守空閨

老婆偶爾會因為老公出差而獨守空閨~

老公經常因為小孩而獨守空閨~

先按摩

不要忘記老婆鞋子穿幾號

偉大設計

洗床單

青春期的...

新婚期的...

育兒期的...

老公:專業洗床單的!!
老婆:老公辛苦你了!!

沒有怕老婆的老公

老婆~妳知道嗎?世界上沒有怕老婆的老公!!

你想說什麼!?

你想幹嘛!?

只有被老婆收服的老公!!

就像我~被妳收服了!!

喵~

婚姻之中互相尊重才是最重要的!!
老公:我喜歡老婆喜歡我的樣子~

老公的耳朵

該還的

第一次的男孩

大部分第一次的男孩可能會~

也可能會~

甚至會~

當然也是有第一次就幸福美滿的!!

角度問題

07:00 am

不要生氣了…好嗎！

對不起啦!!
老公~

哼!!

怒氣值100%

不要生氣了~
好嗎？

………

抱~

怒氣值70%

不要生氣了~
好嗎？

嗯~現在………
沒辦法生氣了!!

怒氣值0%

老公:這樣子真的很難再氣…
撒嬌是老婆最厲害的武器!!

不要生氣了…好嗎!!

有話要說嗎

有時候另一伴這樣問,總是會以為自己做錯什麼事!!
深怕回答錯誤,然後GG...

老婆:作賊心虛!?

禮物

聖誕節

情人節

七夕

你要把自己當禮物
送給我幾次!?

同一個東西可以
一送再送!?

………

老公:我就是最珍貴的禮物啊!!
千萬不要以為老夫老妻就忽略禮物
有時的小驚喜可以讓夫妻感情更加增進!!

浴室外的小凳子

吃飯了

老公:三個一起看電視,只有我中槍!?
老婆:擒賊先擒王的概念!!

期待的逆襲

蓋被被

分析

抱抱的方式

我回來了

把拔是在家中容易被遺忘的成員!!
家人表示:電視太好看了啦!!

陪我開車的

每次親子旅途中...

跟我聊最久的總是...

謝謝妳一直陪著我...

把拔:雖然很辛苦!!可是旅程還是開心的!!
因為是載著親愛的家人!!

缺什麼

我老婆最近要生了!!
要準備的東西我寫
在紙上~你幫我看還
缺什麼?

不用就知道你
少買了...

13群!!

13群?

還有其他補充
體力跟護肝的
保健食品!!

....

照顧小孩需要熬夜~
要照顧好自己!!

出差

出差返家的把拔!!

老公~想你~

我也是~

把拔~

出差返家的邊緣把拔!!

老婆~
我回來了~

喔~對齁~我都忘記了!!
我跟小孩出來吃飯!!
你先幫我整理客廳喔!!

那幫我買...

嘟嘟~

工作再怎麼忙碌~都要好好關心家庭!!
不要讓自己變成邊緣把拔!!

回視變化

結婚前

嗯~

結婚後

痾~嗯~

生小孩後

痾~~~

痾~老婆照顧得很好!!

拒絕得很堅持

安全感

老公:長得有安全感也是不簡單!!

最重要的是~老婆有安全感就好!!

睡在客廳的老公

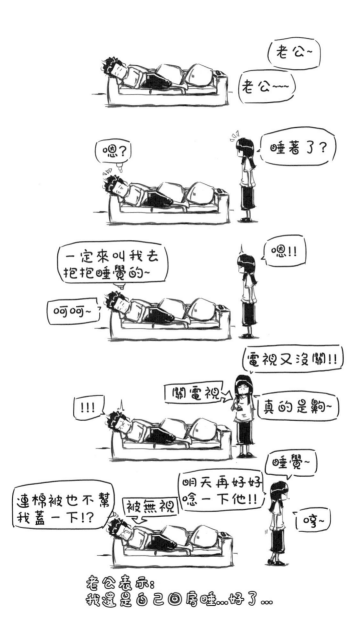

男人的撒嬌

老婆 篇

馬麻的感覺

很多女人一結完婚...
馬上就有媽媽的感覺!!

因為人生中的第一個兒子~
結婚後立馬誕生!!!

小聲說

老公~~~

老公~~~

跑去哪裡了啊?

人家突然很想要餒~

小聲~

老婆~
妳找我啊!!

想要是吧!?

這個這麼小聲
就聽得到!!

老婆:正事永遠都聽不到!!這就是老公~

講電話

新婚期

嗯~我正在想妳...妳就剛好打電話來~

新婚過期

幹嘛啦？我在忙啦!!

好啦!! 會回去吃飯啦!!

育兒期

想我喔!!

嗯嗯~要等我回家吃飯喔!!

嗯~

O氣差這麼多!!

女兒比較好嗎?

馬麻~把拔說會回來吃飯!!

把拔掰掰

前世情人O氣總是比較好!!

出差的確認

老婆管

我生氣你就完了

藉機

馬麻力量的變化

旅行時馬麻力量值<15kg

帶小孩時馬麻力量值>45kg

馴夫時馬麻力量值>100kg

老...老婆~
你先冷靜
一下啦!!

加班啦!!

為什麼這麼
晚回家!?
說~去哪了!?

那為什麼公司
電話沒人接~

老婆:這些能力是適應生活!!
女人在家庭中是非常努力的生活
記得要跟自己老婆說聲辛苦囉!!

老公幫我

豎起的位置

老公表示:
都是表示漂亮的意思!!

讓老公心癢癢也是抓住老公的方法!!

老公出差的夜晚

老公出差的夜晚~

需要老公氣味才睡得著的老婆!!
老婆:雖然沒有很香~~~但就是需要!!

停車場

做了什麼

突然的甜蜜~

怎麼了？

我做了什麼嗎？

突然的不爽!!

嗚!!

老公!!!

怎麼了？

我做了什麼嗎？

老公是一種~
容易搞不清楚老婆什麼狀況的生物!!

老婆:老公永遠都是後知後覺的!!

不需要理由

老公~

怎麼了?

!!

怎麼突然
親我啊?

沒有啊!!
就想親你而已!!

哈~

哈~

老婆表示~
想親老公是不需要理由的!!

追劇的老婆 I

追劇的老婆 II

03:15 am

老婆：我追的不是劇...是自由！！

老公

有時候~
光叫你老公就會覺得幸福!!

老婆:老公~這就是一種撒嬌的方式!!

再來一次的用意

老婆容易忘記的

08:00pm

09:10pm

09:50pm

11:59pm

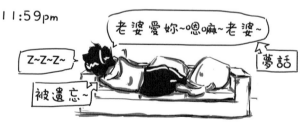

老婆:好像忘記什麼了~
有小孩的老婆是很容易忘記自己有老公!!

小公主

老公永遠都像大孩子一樣!!

不是只有老公像孩子...
老婆心中也是有著小公主!!
需要細心呵護!!

陰謀論

老婆:起碼有分擔家事!!

想要的跟給的

老公~最近一堆
事都讓我覺得
好累~
真的好煩喔!!

!?

老婆想要的~

別煩~
老公會陪著妳!!
有我在!!

嗯~

老公給的!!

啊不是跟妳
說過了!!
不能這樣做~
妳看~
$%&*&((&^%
&*($#$~

!!

喋喋不休~

老婆:其實只要一個擁抱就可以了~

馬麻的症狀

什麼是愛

老婆表示:我在說什麼你在說什麼!!

賴床的老婆

不要忘記老婆鞋子穿幾號

不要生氣了…好嗎

大姨媽來的這件事

心跳

老婆的逆襲

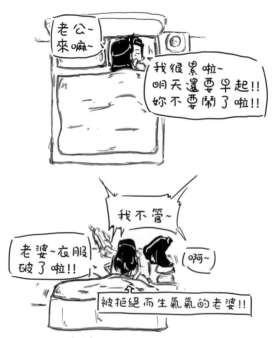

老婆:我都很配合你了餒!!老公也是"配合"!!
老公:其實感覺...還不錯!!
有時候老婆的逆襲是很恐怖的!!

老婆的變化

結婚前

好~ 以後不要這樣囉!!

結婚後

好啦~ 下次再這樣試試看!!

生小孩後

知道了!! 知道了嗎?

老婆表示:老公的教育不能等!!

馬麻的休息方式

老公~今天我好累喔!!
我想好好休息一下~
晚上小孩子再麻煩你
用一下喔!!

喔~

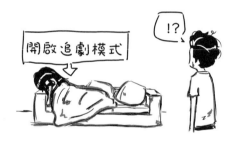

開啟追劇模式

!?

馬麻陪
我們玩~

把拔說晚上有什
麼事都找他喔!!
去找把拔吧!!

喔!!

……

老婆:就是想自由自在的...追劇!!
馬麻想要的休息的就是自由!!

運動減肥

抱緊處理

一個簡單的抱緊~就可以有滿滿的幸福感受!!

有節制的抱抱

老婆:並不是想抱抱就是想愛愛!!
老公:我以為...
老公們~要分清楚喔!!

幸福的味道

幾年後~

拒絕的堅持

老婆:老公總是抵擋不了我的魅力!!
老公:啊~~~嘶~

熟睡的你們

睡成這樣!!

真是的~

呵呵~

幸福~

最喜歡看你們熟睡的樣子了!!
因為我就知道又是一個幸福平安的一天!!

親子 篇

跟誰睡

買玩具的期望

獨佔

每天的親親

新婚期~

嗯~

嗯~

老公~以後你每天都要跟我親親喔!!

知道嗎?

好~沒問題!!

育兒期~

老婆~親親~

嗯~

不可以親親!!馬麻是我的!!

你們不可以親親!!

最強親親阻礙者!!

跟把拔睡

通常把拔哄小孩睡覺
很容易被拐去玩玩具!!

把拔:就玩一下下而已!!

照顧妳

馬麻...
妳今天不
用上班喔?

馬麻今天有點
不舒服~所以今
天請假~

嗯?

你的書包勒?

我今天也請假!!
我要陪馬麻~
照顧馬麻!!

你是不想
上課吧?

又是一個無時無刻想著
如何不用上課的小孩~

而且你在家我
就不用休息了!

小孩的想法很天真直接~
起碼他的出發點是好的!!
底迪:我想照顧馬麻~

不好看

尋求慰藉

慶祝生日

慶祝把拔生日～

慶祝馬麻生日～

慶祝解結生日～

慶祝底迪生日～

不管怎樣～
馬麻底迪解結都有禮物!

把拔其中一個角色

包布布

撩妹

所以把拔跟兒子是長年爭風吃醋的競爭對手!!

唬嚨

早晨

兩人世界的早晨~

老公早安~

老婆早安~

早餐準備好囉!!

謝謝老婆~
愛妳~~~

四人世界的早晨~

老公~快起來幫忙啊!!
快來不及了!!

解結快去刷牙!!

老公~~~

....

一早就像戰爭!!

烏烏的變化

把拔~
我剛剛洗鳥鳥~
鳥鳥有變大欸!!

是喔!!

你洗鳥鳥會變大嗎!?

以前小時候會!!

那現在呢?

現在不會啊!!

現在是洗馬麻的時候會!!

哈哈哈哈哈哈

??

底迪:為什麼!?
把拔:你長大就知道了!!
馬麻:又再亂教了!!!

看電影

夫妻小倆口看電影的樣子!!

一家四口看電影的樣子!!

小倆口表示:請珍惜兩人看電影時光!!

選我選我

馬麻：全是一群長不大的小孩！！

把拔陪小孩玩容易發生的事

吃掉

一個把拔跟孩子說要吃掉你~

都是在開玩笑!!

一個老公跟老婆說要吃掉妳~

通常是...真的想吃掉妳!!

偷東西

把拔:你來搶老婆的!?
底迪:我是搶馬麻!!

跟誰說

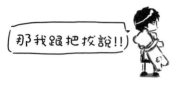

解結:把拔會怕馬麻,跟馬麻說才有用!!
底迪:.........
夫妻互相維持彼此在小孩心中的地位很重要喔!!

誰放屁

解結:馬麻這麼美麗才不會放屁!!
底迪:誰放屁都跟把拔有關!!
只要是放屁都是把拔的概念!!

玩平板

馬麻~我們想玩平板!!

不行~不可以一直玩平板!!

那把拔為什麼可以一直玩!?

痾~把拔是玩手機啊!!

那我們要玩手機!!

……

喔~

反正不行玩!!去房間玩玩具!!

我就在教小孩不要玩了!!

你是不能先停一下嗎!?

啊~老婆~不要啊!!!

請尊重正在教育小孩的人!!

小心！隔牆有耳

小孩是非常厲害的學習者！！
所以真的要很小心夫妻的親密對話！！

鎖門

老婆~
我們來吧!!

好啦!!
你先去鎖門啦!!

搞定!!

卡~

碰碰碰~

!!

把拔~你們幹嘛
鎖門!?

你說我們房間
不可以鎖!!
你們也不可以
鎖!!

把拔:請給我一點機會~好嗎?
解結底迪聯合表示:要公平...都不可以鎖!!

九九乘法

解結:我真的有背喔!!

來亂的

把拔:孩子~我老婆來跟我撒嬌你們攪什麼局啊?
　　 而且咬真的是哪招!?
小孩總是會學習夫妻之間的互動,而且學習力超強
真的在平時生活中要注意自己的舉止喔!!

跟神明說

哪有~你跟誰說的?

把拔~我不是說今天要去買玩具!?

有啊!!我有跟神明說喔!!

....

底迪是一種乞求上天的感覺!!

洗雞雞

尿尿高手

父子的吵架

關於起床這件事

平⊙ 07:30 AM

起床了~
上學要遲到了!!

馬麻~我還
想睡覺啦!!

不行!!

假⊙ 06:10 AM

把拔~馬麻!!
快起來!!

馬麻~我們肚
子餓餓了!!

夫妻表示:可以多睡一會兒嗎?

蓋好棉被

新規定

準時睡覺

解結:原來準時睡覺這麼重要喔!!
把拔:對啊!!妳要乖乖睡覺!!

累了嗎

出外玩了一整天!!
累死了!!

快掛了!!

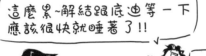

這麼累~解結跟底迪等一下
應該很快就睡著了!!

應該吧!!

終於有我
們自己的
時間了~

…………

…………

我們不會
累啊!!

把拔陪
我玩!!

車上睡飽了!!

孩子表示:把拔馬麻~我們精神很好喔!!
小孩的體力真的很恐怖,如何消散電力
需要夫妻同心協力!!簡單來說...接力吧!!

趁虛而入

趁虛而入（把拔的反擊）

每晚重複上演的爭奪戰!!

兩個男人之間的爾虞我詐!!

尿尿洗手

底迪~你尿尿完怎麼沒洗手!!

我的鳥鳥很乾淨啊!!所以手也很乾淨!!

不然就是把拔沒把我的鳥鳥洗乾淨!!

!!!

乾淨的手+乾淨的鳥=不用洗手!!底迪的專業分析!!

小孩的樣子

國家圖書館出版品預行編目資料

不要忘記老婆鞋子穿幾號 / 鞋子穿幾號著 —初版—台北市:春光出版:
家庭傳媒城邦分公司發行:2020.06 (民109.06)
面:公分. — (不歸類:041)
ISBN 978-957-9439-98-5 (平裝)

544.14

109006620

不要忘記老婆鞋子穿幾號

作　　　者／鞋子穿幾號
企畫選書人／張世國
責任編輯／張世國
發　行　人／何飛鵬
副總編輯／王雪莉
業務經理／李振東
行銷企劃／陳姿億
資深版權專員／許儀盈
版權行政暨數位業務專員／陳玉鈴
法律顧問／元禾法律事務所　王子文律師
出　　　版／春光出版
　　　　　　台北市 104 民生東路二段 141 號 8 樓
　　　　　　電話：(02) 2500-7008　傳真：(02) 2502-7676
　　　　　　網址：www.ffoundation.com.tw
　　　　　　email：ffoundation@cite.com.tw
發　　　行／英屬蓋曼群島商家庭傳媒股份有限公司城邦分公司
台北市民生東路二段 141 號 11 樓
書蟲客服服務專線：02-25007718・02-25007719
24 小時傳真服務：02-25170999・02-25001991
服務時間：週一至週五 09:30-12:00・13:30-17:00
郵撥帳號：19863813　戶名：書蟲股份有限公司
讀者服務信箱 E-mail：service@readingclub.com.tw
歡迎光臨城邦讀書花園　網址：www.cite.com.tw
香港發行所／城邦 (香港) 出版集團有限公司
　　　　　　香港灣仔駱克道 193 號 1 東超商業中心 1 樓
　　　　　　電話：(852) 25086231　　傳真：(852) 25789337
馬新發行所／城邦 (馬新) 出版集團【Cite(M) Sdn. Bhd.(458372U)】
　　　　　　11, Jalan 30D/146, Desa Tasik,
　　　　　　Sungai Besi, 57000 Kuala Lumpur, Malaysia.
　　　　　　電話：603-9056-3833　傳真：603-9056-2833
封面版型設計排版／邱宇陞工作室
印　　　刷／高典印刷有限公司
□ 2020 年 (民109) 6 月 2 日初版一刷　　Printed in Taiwan.

售　　　價／330 元

<table>
<tbody>
<tr><td>廣　告　回　函</td></tr>
<tr><td>北區郵政管理登記證</td></tr>
<tr><td>台北廣字第 000791 號</td></tr>
<tr><td>郵資已付，免貼郵票</td></tr>
</tbody>
</table>

104 台北市民生東路二段 141 號 11 樓

英屬蓋曼群島商家庭傳媒股份有限公司城邦分公司

- - - - - - - - - - - - - - - - - - 請沿虛線對折，謝謝！ - - - - - - - - - -

愛情 ・ 生活 ・ 心靈

閱 讀 春 光 ，生 命 從 此 神 采 飛 揚

春 光 出 版

書號：000041	書名：不要忘記老婆鞋子穿幾號

裁
切
線

讀者回函卡

謝謝您購買春光出版的書籍！請費心填寫此回函卡，我們將不定期寄上城邦集團最新的出版訊息。

姓名：   性別：□男   □女

生日：西元   年   月   日

地址：

聯絡電話：   手機：

E-mail：

學歷：□1. 小學   □2. 國中   □3. 高中   □4. 大專   □5. 研究所以上

職業：□1. 學生   □2. 軍公教   □3. 服務   □4. 金融   □5. 製造   □6. 資訊
        □7. 傳播   □8. 自由業   □9. 農漁牧   □10. 家管   □11. 退休   12. 其他

呼叫神隊友

「鞋子穿幾號畫出你與伴侶間的大小事」   寫下你與伴侶間的小故事

購買新書並寫下你與伴侶間的小故事寄回回函卡，就有機會獲得作者繪製故事一則露出分享於 IG 以及臉書！截止時間至 2020/7/30 前寄回本回函卡（以郵戳為憑），2020/8/5 當日抽出共 5 名幸運讀者。

※ 請務必填寫：姓名、地址、聯絡電話、E-mail

※ 抽中名單將於 2020/8/5 公布於春光臉書 http://www.facebook.com/stareastpress，並於 2020/8/5 ~ 8 以電話或 E-mail 通知。

※ 本回函卡影印無效，遺失或損毀恕不補發。

歡迎上春光臉書 http://www.facebook.com/stareastpress 接收最新出版訊息   春光粉絲團

裁切線

請於此處用膠水黏貼